BEI GRIN MACHT SICH IHR WISSEN BEZAHLT

- Wir veröffentlichen Ihre Hausarbeit, Bachelor- und Masterarbeit

- Ihr eigenes eBook und Buch - weltweit in allen wichtigen Shops

- Verdienen Sie an jedem Verkauf

Jetzt bei www.GRIN.com hochladen und kostenlos publizieren

Trainingsplanung für das Koordinations- und Beweglichkeitstraining für eine sportlich aktive Person

Bibliografische Information der Deutschen Nationalbibliothek:

Die Deutsche Nationalbibliothek verzeichnet diese Publikation in der Deutschen Nationalbibliografie; detaillierte bibliografische Daten sind im Internet über http://dnb.d-nb.de abrufbar.

ISBN: 9783389047200
Dieses Buch ist auch als E-Book erhältlich.

© GRIN Publishing GmbH
Trappentreustraße 1
80339 München

Alle Rechte vorbehalten

Druck und Bindung: Books on Demand GmbH, Norderstedt Germany
Gedruckt auf säurefreiem Papier aus verantwortungsvollen Quellen

Das vorliegende Werk wurde sorgfältig erarbeitet. Dennoch übernehmen Autoren und Verlag für die Richtigkeit von Angaben, Hinweisen, Links und Ratschlägen sowie eventuelle Druckfehler keine Haftung.

Das Buch bei GRIN: https://www.grin.com/document/1490642

Inhaltsverzeichnis

1 **PERSONENDATEN** 3

   1.1 Allgemeine und biometrische Daten 3

   1.2 Bewertung der Beweglichkeit 3

   1.3 Bewertung der Gleichgewichtsfähigkeit 4

2 **TRAININGSPLANUNG BEWEGLICHKEITSTRAINING** 4

   2.1 Übungsauswahl und Dehnmethoden Beweglichkeitstraining 4

   2.2 Belastungsgefüge Beweglichkeitstraining 6

   2.3 Begründung zur Trainingsplanung für das Beweglichkeitstraining 6

   2.4 Begründung der Übungsauswahl 6

      2.4.1 Aktiv dynamische Dehnung M. pectoralis major 6

      2.4.2 Passiv statische Dehnung M. triceps brachii 7

      2.4.3 Passiv statische Dehnung des M. trapezius pars descendes 7

      2.4.4 Passiv dynamische Dehnung des M. iliopsoas mit Stepper 7

      2.4.5 Postisometrische Dehnung ischiocruraler Muskulatur 7

      2.4.6 Postisometrische Dehnung M. quadriceps femoris mit Seil 7

      2.4.7 Passiv dynamische Dehnung Lateralflexion 7

      2.4.8 Aktiv statische Dehnung (Dorsalkette) M. ischiocrurale, M. quadratus lumborum, M. erector spinae 8

      2.4.9 Passiv dynamische Dehnung M. gluteus maximus 8

      2.4.10 Aktiv statische Dehnung M. adductor 8

3 **TRAININGSPLANUNG KOORDINATIONSTRAINING** 8

   3.1 Übungsauswahl Koordinationstraining 8

   3.2 Belastungsgefüge Koordinationstraining 9

   3.3 Begründung zur Trainingsplanung für das Koordinationstraining 10

   3.4 Begründung der Übungsauswahl 10

4 **LITERATURRECHERCHE ZUM THEMA „EFFEKTE EINES GLEICHGEWICHTSTRAININGS IM HINBLICK AUF DIE PRÄVENTION VON VERLETZUNGEN"**... 11

5 **LITERATURVERZEICHNIS** 13

6 **TABELLENVERZEICHNIS** 14

1 Personendaten

1.1 Allgemeine und biometrische Daten

Tab. 1: Allgemeine und biometrische Daten

Alter	73
Geschlecht	Männlich
Körpergröße in cm	184
Körpergewicht in Kg	83
Trainingsmotive	• Ausgleich zum Rentnerdasein • Gesundheitsprävention • Sturzprävention
Berufliche Tätigkeit	Rentner
Aktuelle sportliche Aktivität	Überdurchschnittlich trainierter Gesundheitssportler 3x pro Woche jeweils 90 min Kraft- und Ausdauertraining seit acht Jahren
Frühere sportliche Aktivität	Schulsport
Zeitlicher Verfügungsrahmen	3x pro Woche 90 min
Blutdruckbestimmung durch Messgerät systolisch	124 mmHg
Blutdruckbestimmung durch Messgerät diastolisch	79 mmHg
Ruhepuls durch Messuhr	64 S/min
Orthopädische Probleme	Nicht vorhanden
Internistische Probleme	Nicht vorhanden
Ärztliche Behandlung	Nein
Einnahme von Medikamenten	Nein
Sonstige gesundheitliche Einschränkungen	Nein
BMI	24,5

1.2 Bewertung der Beweglichkeit

Die Beweglichkeit der trainierenden Person befindet sich durch jahrelanges Krafttraining in einem gut ausgeprägten Zustand. Es liegt kein Beweglichkeitsdefizit vor.

1.3 Bewertung der Gleichgewichtsfähigkeit

Bislang hat die Person kein Gleichgewichtstraining absolviert. Die Gleichgewichtsfähigkeit der trainierenden Person befindet sich dennoch auf einem guten Niveau. Die Erkenntnis zur Bedeutsamkeit der Gleichgewichtsfähigkeit führt zu dem Trainingsmotiv der Sturzprävention.

2 Trainingsplanung Beweglichkeitstraining

2.1 Übungsauswahl und Dehnmethoden Beweglichkeitstraining

Tab. 2: Dehnübungen und Ausführung

Übung	Ausführung
1. Aktiv dynamische Dehnung M. pectoralis major	Durch die Kontraktion des Antagonisten wird die gewünschte Dehnung aktiv und wiederholt durch eine Retraktion der Schulterblätter dynamisch ausgeführt.
2. Passiv statische Dehnung M. triceps brachii	Der Oberarm wird in Flexion mithilfe der anderen Hand hinter den Kopf geführt. Die Hand drückt den Oberarm herunter, bis der gewünschte Dehnungsreiz eintritt.
3. Passiv statische Dehnung M. trapezius pars descendes	Ein Arm wird durch Herunterziehen des Schultergürtels nach unten gestreckt. Die Hand des anderen Armes geht über den Kopf und berührt die Kopfseite, während der Arm abgespreizt ist. Dann wird der Kopf zur Gegenseite des gestreckten Armes geneigt. Die Hand am Kopf kann die Dehnung durch leichtes Zug erhöhen.
4. Passiv dynamische Dehnung des M. iliopsoas mit Stepper	Die Person kniet auf dem Boden und stellt einen Fuß vor sich auf den Stepper. Die Hüfte befindet sich in gestreckter Position und wird nun dynamisch nach vorne und hinten bewegt.
5. Postisometrische Dehnung ischiocruraler Muskulatur	Die Person liegt auf dem Rücken. Das nicht gedehnte Bein ist im Hüft- und Kniegelenk

Übung	Ausführung
5. Postisometrische Dehnung ischiocruraler Muskulatur	gebeugt. Das zu dehnende Bein wird von der Person mit beiden Händen an der Oberschenkelrückseite gehalten. Nun wird in wechselnden Intervallen gearbeitet. Zunächst wird eine leichte Dehnung erzeugt. Danach wird das Bein für ca. 6 – 10 Sekunden isometrisch kontrahiert. Hiernach bekommt das Bein ca. 2 Sekunden Pause. Danach erfolgt eine erneute Dehnung mit einem deutlich spürbaren Dehnreiz für 10 – 20 Sekunden. Dieser Wechsel findet ca. 60 Sekunden statt.
6. Postisometrische Dehnung M. quadriceps femoris mit Seil	Die Person befindet sich in Bauchlage. Um einen Fuß befindet sich ein Seil welches von der Person in den Händen gehalten wird. Nun folgt die Flexion des Kniegelenks. Anschließend bringt die Person den Quadriceps auf Spannung. Das Seil arbeitet gegen diese Spannung und lässt eine Extension des Kniegelenks nicht zu.
7. Passiv dynamische Dehnung Lateralflexion	Die Person steht hüftbreit. Die Hände werden über dem Kopf zusammengeführt. Nun neigt sich die Person zu einer Seite und geht in die Dehnung. Die maximale Dehnposition markiert den Umkehrpunkt der Bewegung. Aus dieser Position folgt nun die Bewegung zur anderen Seite.
8. Aktiv statische Dehnung (Dorsale Kette) M. ischiocrurale, M. quadratus lumborum, M. erector spinae	Die Person steht hüftbreit. Die Beine sind nahezu durchgestreckt. Die Wirbelsäule geht in die Flexion. Die Arme gehen in gestreckter Position in Richtung der Füße.
9. Passiv dynamische Dehnung M. gluteus maximus	Die Person startet in einer knieenden Position. Ein Bein wird nach hinten gestreckt, während das andere möglichst rechtwinklig vor dem Körper abgelegt wird. Nun folgt eine sanfte Bewegung in und aus der Dehnposition.
10. Aktiv statische Dehnung M. adductor	Die Startposition ist ein breiter Stand. Nun verlagert die Person ihr Gewicht auf eine Seite

Übung	Ausführung
10. Aktiv statische Dehnung M. adductor	und geht in eine leichte Flexion im Kniegelenk. Das andere Bein bleibt dabei durchgestreckt.

2.2 Belastungsgefüge Beweglichkeitstraining

Tab. 3: Belastungsgefüge Beweglichkeitstraining

Belastungsgefüge	
Trainingshäufigkeit pro Woche	3x
Sätze pro Übung	4
Dehndauer	45 Sekunden beim statischen Dehnen 15 Wiederholungen beim dynamischen Dehnen
Intensität	BORG-Skala 8

2.3 Begründung zur Trainingsplanung für das Beweglichkeitstraining

Die Grundlage der Trainingsplanung bildet der aktuelle Leistungsstand der Person. Basierend darauf wurde der Trainingsplan ohne Priorisierung entwickelt. Zusätzlich dazu sind die Dehnformen und Arbeitsweisen ausgewogen gestaltet. Nach jahrelangem Krafttraining hat sich unter anderem durch den Einsatz der BORG-Skala ein Körpergefühl entwickelt, das komplexere Übungen ermöglicht. Voraussetzung für jede Übung ist, dass sie von der trainierenden Person eigenständig umgesetzt werden kann. Die Trainingshäufigkeit richtet sich nach dem verfügbaren Zeitrahmen. Die dynamischen Übungen orientieren sich an den Empfehlungen von Freiwald (2004) und werden mit je 15 Wiederholungen pro Satz durchgeführt. Marschall (1999) hat nachgewiesen, dass intensives Dehnen dem sanften Dehnen überlegen ist. Daher absolviert der Trainierende ein intensives Training (BORG-Skala 8).

2.4 Begründung der Übungsauswahl

2.4.1 Aktiv dynamische Dehnung M. pectoralis major

Die aktiv dynamische Dehnung des M. pectoralis major bietet den Vorteil der einfachen Umsetzbarkeit und die Stärkung des Antagonisten M. trapezius.

2.4.2 Passiv statische Dehnung M. triceps brachii

Da der M. triceps brachii ein bedeutender Muskel im Oberarm ist, darf er im Rahmen eines umfassenden Dehntrainings nicht vernachlässigt werden. Die unkomplizierte Umsetzung minimiert mögliche Fehlerquellen, und durch den Einsatz der Hand als Hilfsmittel wird die Dehnung intensiviert.

2.4.3 Passiv statische Dehnung des M. trapezius pars descendes

Ein Vorteil bietet die einfache Umsetzbarkeit. Durch diese Übung wird ein großer Teil der Rücken- und Nackenmuskulatur gedehnt und ist dadurch wichtiger Bestandteil im Ganzkörperdehnprogramm.

2.4.4 Passiv dynamische Dehnung des M. iliopsoas mit Stepper

Als wichtiger Teil der Beckenmuskulatur ist der M. iliopsoas ebenfalls vertreten. Der Stepper bietet zudem den Vorteil der größeren Dehnung, welcher durch die erhöhte Position und die damit einhergehende größere Dehnung zustande kommt.

2.4.5 Postisometrische Dehnung ischiocruraler Muskulatur

Das postisometrische Dehnen bringt Abwechslung in den Trainingsplan. Die oft sofortige Verbesserung der Beweglichkeit kann die Motivation des Trainierenden stärken.

2.4.6 Postisometrische Dehnung M. quadriceps femoris mit Seil

Als großer Muskel im Unterkörper ist die Hereinnahme des M. quadriceps femoris in den Trainingsplan unumgänglich. Die Methode des postisometrischen Dehnens bietet auch hier den Vorteil der Abwechslung.

2.4.7 Passiv dynamische Dehnung Lateralflexion

Durch die passiv dynamische Übungsausführung ist eine komplementäre Übung zur aktiv statischen Dehnung für die Wirbelsäule im Trainingsplan. Die abwechselnde Übungsausführung ist zeitsparend, ohne einen Leistungsverlust durch verkürzte Pausenzeit in Kauf zu nehmen. Darüber hinaus wird der M. latissimus dorsi als großer Muskel im Rücken gedehnt.

2.4.8 Aktiv statische Dehnung (Dorsalkette) M. ischiocrurale, M. quadratus lumborum, M. erector spinae

Durch die aktiv statische Dehnung ist eine komplementäre Übung zur passiv dynamischen Dehnung der Wirbelsäule im Trainingsplan. Durch die aktiv statische Dehnung ist die Arbeitsweise der M. ischiocrurale ebenfalls unterschiedlich zur postisometrischen Dehnung und bietet dadruch andere Vorteile, wie z. B. die Einfachheit der Ausführung.

2.4.9 Passiv dynamische Dehnung M. gluteus maximus

Der M. gluteus maximus ist der größte Muskel der Hüftregion und daher ein wesentlicher Bestandteil des Trainingsplans. Aufgrund der Komplexität dieser Übung wurde sich für eine dynamische Ausführung entschieden, um die Intensität besser regulieren zu können.

2.4.10 Aktiv statische Dehnung M. adductor

Die Einfachheit der Übung sorgt für eine geringe Wahrscheinlichkeit von Fehlern. Dadurch kann sich die Person stärker auf die Intensität der Dehnung fokussieren.

3 Trainingsplanung Koordinationstraining

3.1 Übungsauswahl Koordinationstraining

Tab. 4: Übungen zur Koordination

Übung	Ausführung
1. Einbeinstand Flexion Extension im Kniegelenk	Die Person steht auf einem Bein. Das andere Bein geht abwechselnd in die Beugung und Streckung.
2. Einbeinstand und Verlagerung des Körpergewichts in verschiedene Richtungen	Die Person steht auf einem Bein. Nun wird der Oberkörper in verschiedene Richtungen verlagert um den Körperschwerpunkt zu verändern.
3. Einbeinstand, Verlagerung des Körpergewichts in verschiedene Richtungen und Bein in entgegengesetzte Richtung	Wie unter Punkt 2, jedoch mit dem Zusatz, dass das andere Bein in die zum Oberkörper entgegengesetzte Richtung schwingt.

Übung	Ausführung
4. Zweibeinstand auf Airex Kissen und Oberkörper rotiert	Die Person steht hüftbreit auf dem Airex Kissen. Der Oberkörper geht nun in eine rotierende Bewegung.
5. Einbeinstand Flexion Extension im Kniegelenk auf Airex Kissen	Auf Airex Kissen. Wie unter Punkt 1
6. Einbeinstand und Verlagerung des Körpergewichts in verschiedene Richtungen auf Airex Kissen	Auf Airex Kissen. Wie unter Punkt 2
7. Einbeinstand, Verlagerung des Körpergewichts in verschiedene Richtungen und Bein in entgegengesetzte Richtung auf Airex Kissen	Auf Airex Kissen. Wie unter Punkt 3
8. Einbeinstand und Augen zu	Die Person steht auf einem Bein und schließt die Augen.
9. Einbeinstand auf Airex Kissen und Augen zu	Die Person steht einbeinig auf dem Airex Kissen und schließt die Augen.
10. Einbeinstand auf Airex Kissen, Augen zu und Flexion Extension im Kniegelenk	Die Person steht einbeinig auf dem Airex Kissen, schließt die Augen und geht mit dem anderen Bein in die Flexion und Extension im Kniegelenk.

3.2 Belastungsgefüge Koordinationstraining

Tab. 5: Belastungsgefüge Koordinationstraining

Belastungsgefüge	
Trainingshäufigkeit pro Woche	3x
Sätze pro Übung	2
Satzpausen	45 – 60 Sekunden
Belastungsdauer	5 – 60 Sekunden

3.3 Begründung zur Trainingsplanung für das Koordinationstraining

Grundlage für die Trainingsplanung bildet der zeitliche Verfügungsrahmen sowie der aktuelle Leistungsstand der Person. Die Übungsanzahl sowie die Trainingshäufigkeit pro Woche ist dementsprechend gewählt.. Nach Häfelinger & Schuber (2007) umfasst die Propriozeption die Gleichgewichts-, die Anpassungs- sowie die Reaktionsfähigkeit. Der Trainingsplan bildet ein propriozäptives Training im Sinne eines Gleichgewichtstraining ab. Gschwind, Kressig, Lacroix, Muehlbauer, Pfenninger und Granacher (2013) konnten belegen, dass ein Gleichgewichtstraining bei älteren Menschen einen wesentlichen Beitrag zur Sturzprävention leistet. Die Belastungsparameter Sätze pro Übung, Satzpausen und Belastungsdauer richten sich nach den Empfehlungen von Chwilkowski (2006).

Tab. 6: Belastungsparameter propriozeptives Training (modifiziert nach Chwilkowski, 2006, S. 61; Häfelinger & Schuba, 2007, S. 61)

Aufwärmen:	5-10 Minuten
Gesamttrainingsdauer:	10-45 Minuten
Haltedauer bei statischen Übungen:	5-60 Sekunden
Wiederholungszahl bei dynamischen Bewegungsabläufen:	5-30 Wiederholungen
Sätze/Serien:	bis zu 5 Sätze/Serien
Pausendauer:	> 45 Sekunden

3.4 Begründung der Übungsauswahl

Grundlage der Übungsauswahl bildet das Trainingsmotiv der Sturzprävention. Der Einbeinstand fördert das Gleichgewicht und trägt so zur Verbesserung der Stabilität bei. Somit stellt der Einbeinstand die Basis der Übungen dar. Die Übungen im Koordinationstraining sind in ihrer Komplexität progressiv durch Hinzunahme eines erschwerenden Faktors gewählt. Die Ausnahme bildet Übung 4, welche dazu dient, dass der Trainierende ein Gefühl für das Airex Kissen entwickelt. Die Belastungsdauer im Belastungsgefüge ist mit einer Spannweite von 5 – 60 Sekunden so gewählt, dass die anfänglichen Übungen mit einer größeren Dauer absolviert werden können, während die letzten Übungen eher weniger Zeit benötigen. Grund hierfür ist die Komplexität und die dadurch zeitlich limitierte Bewegungsausführung.

4 Literaturrecherche zum Thema „Effekte eines Gleichgewichtstrainings im Hinblick auf die Prävention von Verletzungen"

Tab. 7: Studie 1

Autoren	Sadeghi, Jehu, Daneshjoo, Shakoor, Razeghi, Amani, Hakim, Yusof
Erscheinungsjahr	2021
Forschungsfrage	Minimiert ein kombiniertes Gleichgewichtstraining aus klassischem Gleichgewichtstraining und virtuellem Gleichgewichtstraining die Sturzgefahr?
Versuchspersonen	64 ältere Männer in einem Alter von 71,8 ± 6,09 Jahre
Versuchsaufbau	Nach dem Zufallsprinzip wurden die Männer in vier Gruppen aufgeteilt (klassiches Gleichgewichtstraining = BT; virtuelles Gleichgewichtstraining = VR; kombiniertes Gleichgewichtstraining = MIX; nicht trainierende Kontrollgruppe = CON). Die Trainingsgruppen absolvierten 8 Wochen dreimal pro Woche für 40 Minuten ein Training.
Ergebnisse und Schlussfolgerungen	MIX erzielte die größten Verbesserung. VR zeigte eine bessere Balance im Vergleich zu BT, welche wiederum einen besseren Vergleich zu CON aufwies. Die verbesserte Gleichgewichtsfähigkeit zeigt, dass das Sturzrisiko bei älteren Menschen durch gezieltes Training gesenkt werden kann.

Tab. 8: Studie 2

Autoren	K. Delbaere, T. Valenzuela, S. Lord, L. Clemson, G. Zijlstra, J. Close, T. Lung, A. Woodbury, J. Chow, G. McInerney, L. Miles, B. Toson, N. Briggs, K. van Schooten
Erscheinungsjahr	2021
Forschungsfrage	Kann ein selbstverwaltendes E-Health Gleichgewichtstrainingsprogramm einen Beitrag zur Sturzprävention leisten?
Versuchspersonen	503 Personen im Alter von 70 Jahren und älter
Versuchsaufbau	Die Personen wurden per Zufall in zwei Gruppen eingeteilt. Eine Gruppe absolvierte als Interventionsgruppe zwei Stunden pro Woche das Gleichgewichtstrainingsprogramm. Die andere Gruppe ist die Kontrollgruppe. Die Interventionsgruppe erhielt ein Tablet zur Übungsanleitung sowie einen Stepper, ein Schaumstoffkissen und eine Übungsmatte. Die Übungen fokussierten sich auf das Gleichgewicht im Stehen, Schrittübungen und Übungen auf dem Stepper.
Ergebnisse und Schlussfolgerungen	Die Sturzrate der Interventionsgruppe war nach 24 Monaten 16 % niedriger als die der Kontrollgruppe. Die Anzahl der Personen die stürzten waren ca. gleich, jedoch die Stürze mit anschließender Verletzung waren bei der Interventionsgruppe 20 % geringer. Die Anzahl der Stürze und die Verletzungen konnten nach zwei Jahren durch das Gleichgewichtstrainingsprogramm signifikant gesenkt werden.

5 Literaturverzeichnis

Chwilkowski, C. (2006). *Medizinisches Koordinationstraining – Verbesserung der Haltungs- und Bewegungskoordination durch Propriozeption* (2. Aufl.). Köln: Deutscher Trainer Verlag.

Delbaere, K., Valenzuela, T., Lord, S. R., Clemson, L., Zijlstra, G. A. R., Close, J. C. T., Lung, T., Woodbury, A., Chow, J., McInerney, G., Miles, L., Toson, B., Briggs, N., & van Schooten, K. S. (2021). E-health StandingTall balance exercise for fall prevention in older people: results of a two year randomised controlled trial. *BMJ (Clinical research ed.)*, *373*, n740.

Freiwald, J. (2004). *Dehnen – Legenden, Fakten. Vortrag*, Waldenburg.

Gschwind, Y. J., Kressig, R. W., Lacroix, A., Muehlbauer, T., Pfenninger, B., & Granacher, U. (2013). A best practice fall prevention exercise program to improve balance, strength / power, and psychosocial health in older adults: study protocol for a randomized controlled trial. *BMC geriatrics*, *13*, 105.

Häfelinger, U. & Schuba, V. (2007). *Koordinationstherapie - propriozeptives Training* (Wo Sport Spaß macht, 3., überarb. Aufl). Aachen: Meyer & Meyer.

Marschall, F. (1999). Wie beeinflussen unterschiedliche Dehnintensitäten kurzfristig die Veränderung der Bewegungsreichweite? *Deutsche Zeitschrift für Sportmedizin*, *50* (1), 5–9.

Sadeghi, H., Jehu, D. A., Daneshjoo, A., Shakoor, E., Razeghi, M., Amani, A., Hakim, M. N., & Yusof, A. (2021). Effects of 8 Weeks of Balance Training, Virtual Reality Training, and Combined Exercise on Lower Limb Muscle Strength, Balance, and Functional Mobility Among Older Men: A Randomized Controlled Trial. *Sports health*, *13*(6), 606–612.

6 Tabellenverzeichnis

Tab. 1: Allgemeine und biometrische Daten
Tab. 2: Dehnübungen und Ausführungloud
Tab. 3: Belastungsgefüge Beweglichkeitstraining
Tab. 4: Übungen zur Koordination
Tab. 5: Belastungsgefüge Koordinationstraining
Tab. 6: Belastungsparameter propriozeptives Training (modifiziert nach Chwilkowski, 2006, S. 61; Häfelinger & Schuba, 2007, S. 61)
Tab. 7: Studie 1
Tab. 8: Studie 2

BEI GRIN MACHT SICH IHR WISSEN BEZAHLT

- Wir veröffentlichen Ihre Hausarbeit, Bachelor- und Masterarbeit

- Ihr eigenes eBook und Buch - weltweit in allen wichtigen Shops

- Verdienen Sie an jedem Verkauf

Jetzt bei www.GRIN.com hochladen und kostenlos publizieren